Vielen Dank, kleiner Osterhase

Gemalt von Johanna Schneider und
nacherzählt von João Schneider

AF288475

3. Auflage 2025
© 2012 J.Ch. Mellinger Verlag GmbH Stuttgart
ISBN 978-3-88069-407-1

„Heute ist ein ganz besonderer Tag," sagte Vater Osterhase zu dem kleinen Hasen „denn von heute an wirst du deinen Beruf erlernen und ein echter Osterhase werden, genau wie ich und wie dein Großvater." Der kleine Hase jubelte vor Freude. Darauf hatte er schon so lange gewartet!

Vater Osterhase zeigte dem kleinen Hasen nun alles,
was ein richtiger Osterhase wissen muss. „Vor allem
hüte dich davor, dass dich jemand sieht!", mahnte er.
Der kleine Hase drückte sich ganz tief ins Gras. „Es
ist keine leichte Aufgabe, die wir Osterhasen haben.
Du musst immer flink und leise sein", sagte der Vater.
Der kleine Hase versprach, sich
viel Mühe zu geben.
Viele Wochen übten sie
nun zusammen, die Eier
gut zu verstecken.

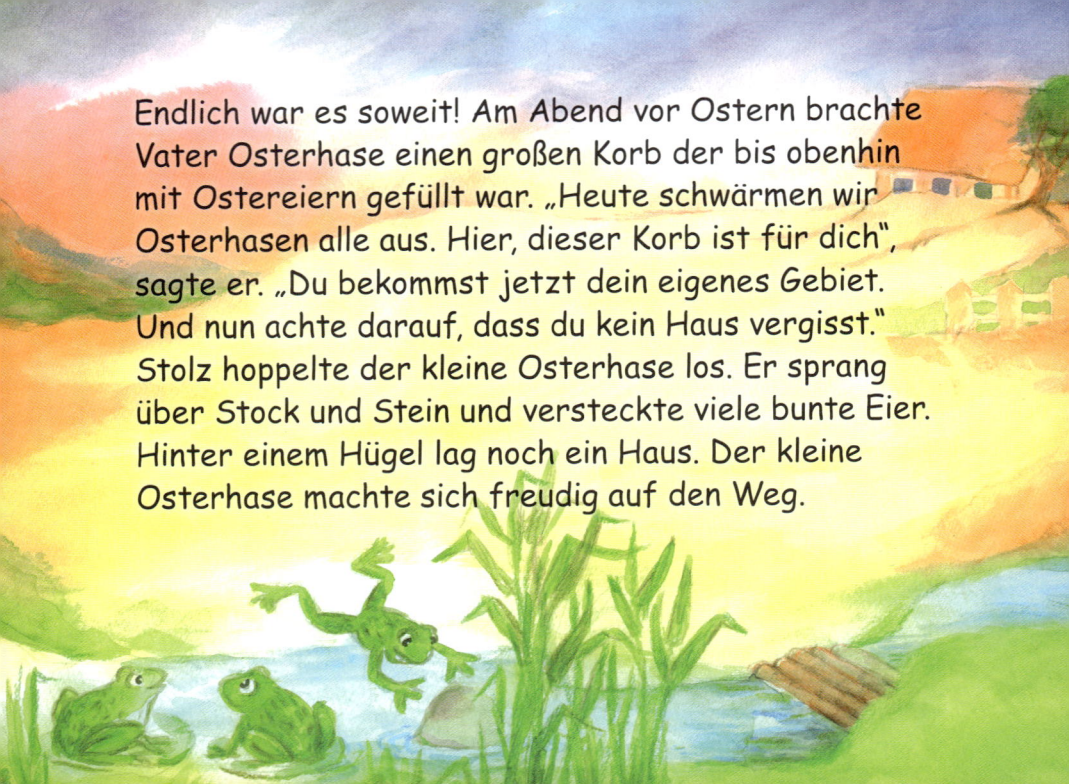

Endlich war es soweit! Am Abend vor Ostern brachte Vater Osterhase einen großen Korb der bis obenhin mit Ostereiern gefüllt war. „Heute schwärmen wir Osterhasen alle aus. Hier, dieser Korb ist für dich", sagte er. „Du bekommst jetzt dein eigenes Gebiet. Und nun achte darauf, dass du kein Haus vergisst." Stolz hoppelte der kleine Osterhase los. Er sprang über Stock und Stein und versteckte viele bunte Eier. Hinter einem Hügel lag noch ein Haus. Der kleine Osterhase machte sich freudig auf den Weg.

Er lief und lief immer weiter. Aber auf einmal war das Haus nicht mehr zu sehen.

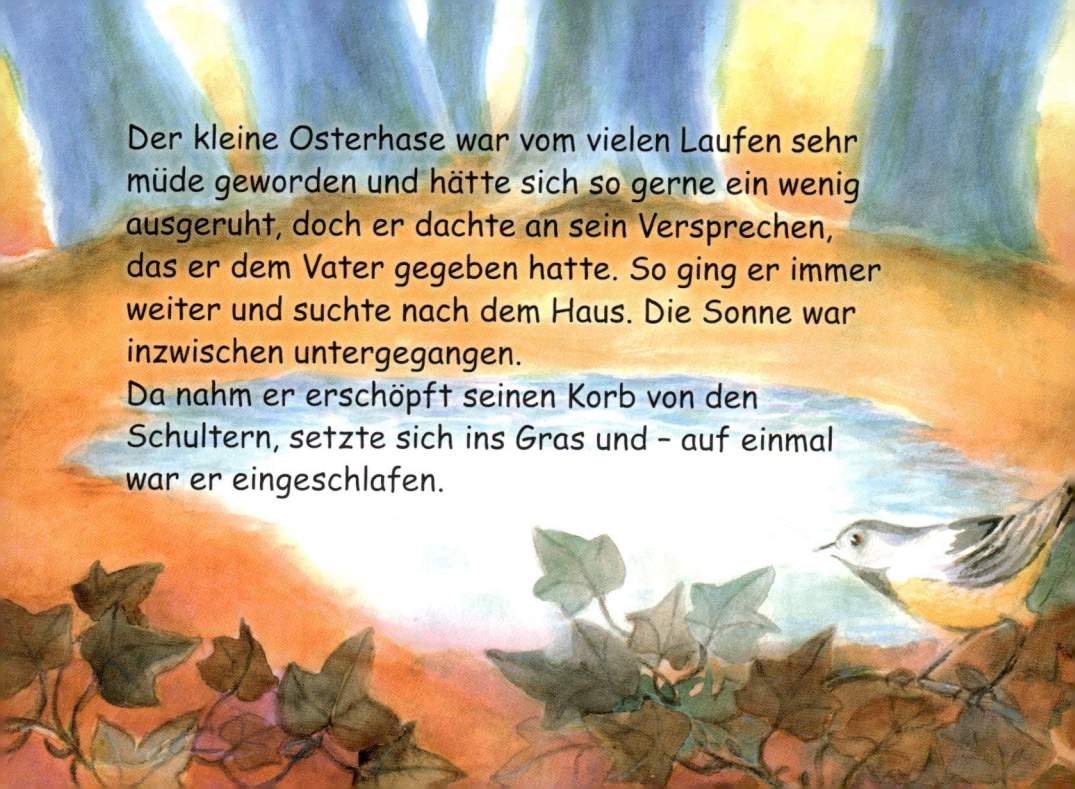

Der kleine Osterhase war vom vielen Laufen sehr
müde geworden und hätte sich so gerne ein wenig
ausgeruht, doch er dachte an sein Versprechen,
das er dem Vater gegeben hatte. So ging er immer
weiter und suchte nach dem Haus. Die Sonne war
inzwischen untergegangen.
Da nahm er erschöpft seinen Korb von den
Schultern, setzte sich ins Gras und – auf einmal
war er eingeschlafen.

Er träumte von einem Mädchen mit roten Haaren,
und wollte auch für sie Ostereier verstecken,
doch er konnte ihr Haus nicht finden.
Da schreckte er auf. Wo war er?
Es war dunkel geworden und er konnte
seinen Weg nicht mehr sehen.

Da fing der kleine Osterhase an zu weinen. „Kleiner Osterhase!" Der kleine Osterhase bückte sich. Hatte ihn nicht jemand gerufen? Plötzlich sah er eine lustige Gestalt mit einem langen, grünen Bart zwischen den Wurzeln der Fichte. „Wer bist du?", fragte er. „Ich bin der Baumgeist", antwortete die kleine Gestalt freundlich. „Und was machst du noch hier, gleich geht die Sonne auf!" Der kleine Osterhase erzählte, dass er beim Verstecken der Ostereier müde geworden war und sich ein wenig ausruhen wollte.

„Da bin ich eingeschlafen.
Und als ich wieder
aufgewacht bin,
war es dunkel.

Bald schon kam der Vater mit seiner Tochter auf dem Rücken den Weg entlang. Kurz darauf hörte der kleine Osterhase das Mädchen rufen: „Papa, Papa, schau doch nur! Da liegt etwas buntes im Gras!" Der Vater bückte sich, und tatsächlich, da lagen viele bunte Ostereier! Das rothaarige Mädchen strahlte vor Freude! Auf einmal war dem kleinen Osterhasen, als hätte sie gerufen: „Vielen Dank, kleiner Osterhase!"
Und als er sah, wie glücklich das Mädchen war, wurde auch er glücklich und sagte zu sich: „Jetzt bin ich wohl ein richtiger Osterhase geworden!"

„Aber deswegen musst du doch nicht weinen", sagte der Baumgeist. „Ich kenne das Mädchen das dort wohnt! Sie hat sich verletzt und trägt einen Gips am Bein. Und darum kann sie in diesem Jahr keine Ostereier suchen. Aber weißt du was? Jeden Morgen machen der Vater und das Mädchen einen Spaziergang und dabei kommen sie genau hier vorbei ..."

Da hatte der kleine Osterhase eine Idee!

Während die Sonne ihre ersten Strahlen über die Hügel warf, legte der kleine Osterhase seine letzten Ostereier neben den Weg.